長襦袢

和ごころを楽しむ
日本のお洒落

NAGAJYUBAN

JAPANESE
LINGERIE KIMONO

青幻舎
SEIGENSHA

目次

じゅばんに賭けた職人達の記録

市田ひろみ

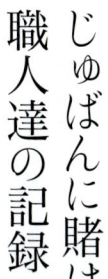

三世紀の魏志倭人伝に記されているように古代・倭国（日本）の装いは貫頭衣から出発している。

後に袖がつき、衿がつき、裳（スカート）や男子服の袴（ズボン）などが着用されるが男女ともに平面の布を着装によって着こなしている。

更に重ねて着装することも千年前から行われている。

十二単衣など大層なものは別としても江戸の浮世絵を見ると、三〜五枚の重ね着が見られる。

明治・大正の婚礼服も三枚重ねであったが、明治・大正の戦時下の服装の簡略化とモダニズムできものの着こなしは変化して行った。

大正以後、肌じゅばんとおこし（裾よけ）の上に長じゅばんときものが一般に行われ冬は羽織を着ることが定着した。

ここに提供された長じゅばんは太平洋戦争（昭和十六年〜二十年）後、衣食住もままならない時代に友禅の技術を持った職人達が長じゅばんの復活に力をそそいだ記録である。

わずか四年の戦争であったが日本は焦土と化し優秀な職人達も四散した。

戦災をまぬかれた京都で職人達が手さぐりで充分ではない絹を使い道具を作り、再び染織工芸を復活させて行ったのだ。きものが復活すると当然のごとく長じゅばんの需要もある。

昭和三十年の初め頃から六人の職人達が長じゅばんの染めにむきあってゆく。

室町問屋の発注を受けて女物・男物・子供物・芸妓用とありとあらゆるもようを染めあげて行った。
もようは主に伝統柄であった。

戦後、鴨川・桂川・堀川などで友禅を洗う風景がよく見られ、京の川は黒くにごっていた。けれども、昭和四十五年水質汚濁防止法が施行されて友禅を川で洗うことは禁じられて、それぞれの工場の水槽で洗うようになった。

「冬の朝、氷割って堀川へ入って水洗いしたもんです」と話されていたのを聞いたことがあるが、それももはや、遠い昔の話となった。

この資料には、花鳥風月、吉祥文などがあるが圧倒的に菊・ぼたん・紅葉・桜・梅などの小紋が多い。

技術的には、四、五色から十数色も使ったぜいたくなものもある。

日本人は見えないところにお洒落をする。男の羽裏・長じゅばんも同じだ。

女のきものの袖の振りからちらりと見える長じゅばん。又、いそぎ足であるく裾からちらりと見える長じゅばん。その「ちらり」の効用をたのしむのだ。わざわざ見せるものではないけれど、じゅばんにはじゅばんの美学があり、表のきものとの調和、女心やセンスをしのばせたのだ。

さて、私のきもの暮らしも四十年をこえる。日々たのしんでいるが　やはりきものの世界にも流行がある。

きものの形はかわらないけど色やもようは時代を映しながら変る。

長じゅばんといえば、昔は一般的にはうすいピンク、うすい水色、うすいクリームだった。

しかし今は長じゅばんも表のきものと同じぐらい主張するようになった。

色も濃くなったし、もようも大きくなった。

レトロなきものからアンティックブームにのって、きものも長じゅばんもひとつのジャンルを作った。伝統柄でもなく、現代柄でもない。ちょっと古めかしくて不思議な雰囲気のきもの。レトロやアンティックきものは若い人達の圧倒的な支持を受けた。

現在、長じゅばんはもはや下着ではなく、きものと対等になろうとしている。

六人の友禅職人達が活躍した時代は戦後のきものの復活期であり多くの需要に応えて物作りも面白かったことだろう。

この長じゅばんは型染めでありそれぞれ何枚も同じものを染めることが出来た。

六人の職人達は、室町問屋からの注文を受けるとそれぞれ下請けの職人達に仕事を流す。京都の伝統工芸の多くは分業だ。

まず図案屋（絵描きさん）型屋（かたやはん）湯熨斗屋（ゆのしやはん）がそれぞれの分野を担当し商品を作り出してゆく。

このコレクションは、昭和三十年代の初めから昭和が終わろうとする頃までの一五〇〇枚にのぼる型紙から一七七点をえらんだ。

これは期せずして戦後の長じゅばんの歴史に目を向けることになった。

平成に入ってなお、この型紙に収集されているものも一部は使われているが、色使いは大きく変化している。

昭和三十年代初めから六十年代終りにかけての三十年間は、和装業界が最も活気のあった時代だ。

六人衆にとっても働き甲斐のあったことだろう。

しかしやがて発注も減少し、平成に入りようやく六人衆の腕のふるいどころが減少してゆく。

時代の変化と衣生活の都市化は和の文化へのこだわりを転換させてゆき、六人衆の仕事は休眠へと追いこまれた。

彼等の生きた時代・彼等の仕事ぶりはこの残された図案の中に見える。

無名の職人達の魂の叫びがこの中に集約されている。

紅地十二支文長襦袢　上野千恵：資料提供

花の文様

春の花

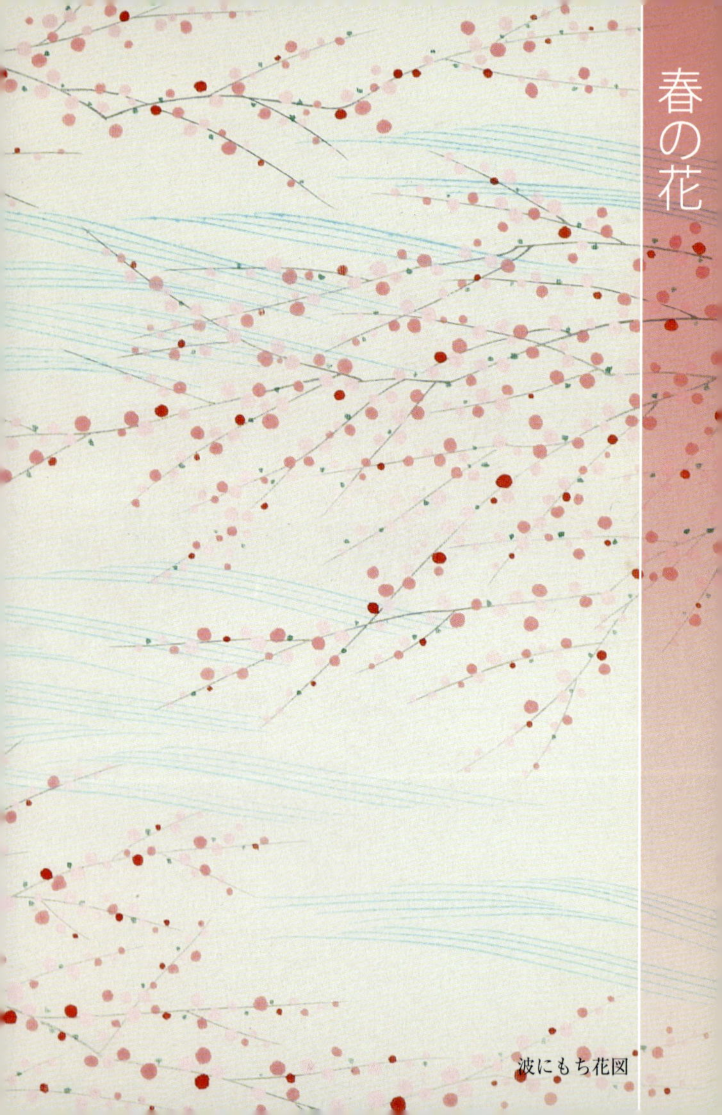

波にもち花図

15　水仙図

枝垂梅図　*16*

梅林図

19　枝梅図

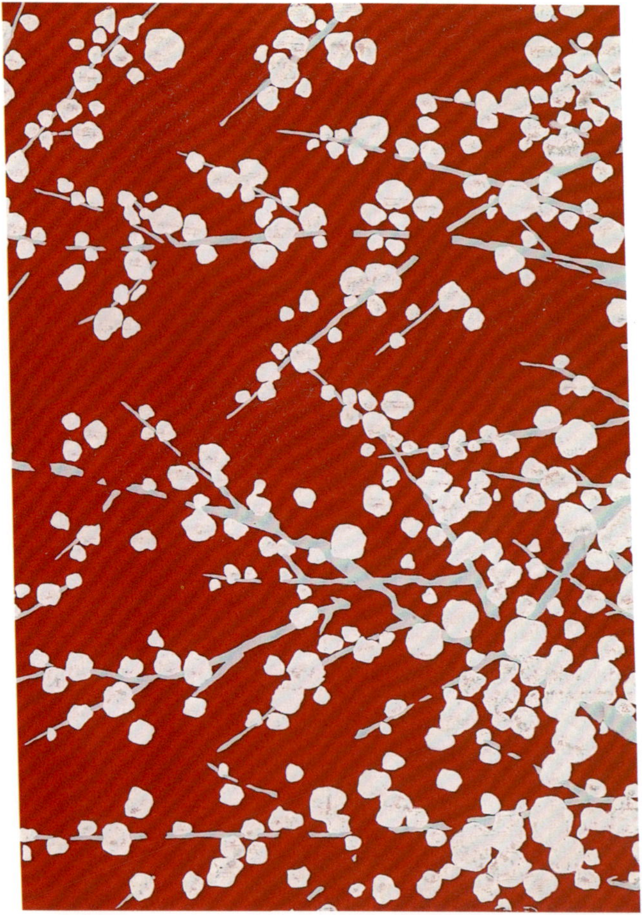

檜梅図　*20*

21　枝梅図

枝垂梅図　22

23　墨梅図

梅花散らし図　24

25　梅花と実図

梅花つなぎ図　26

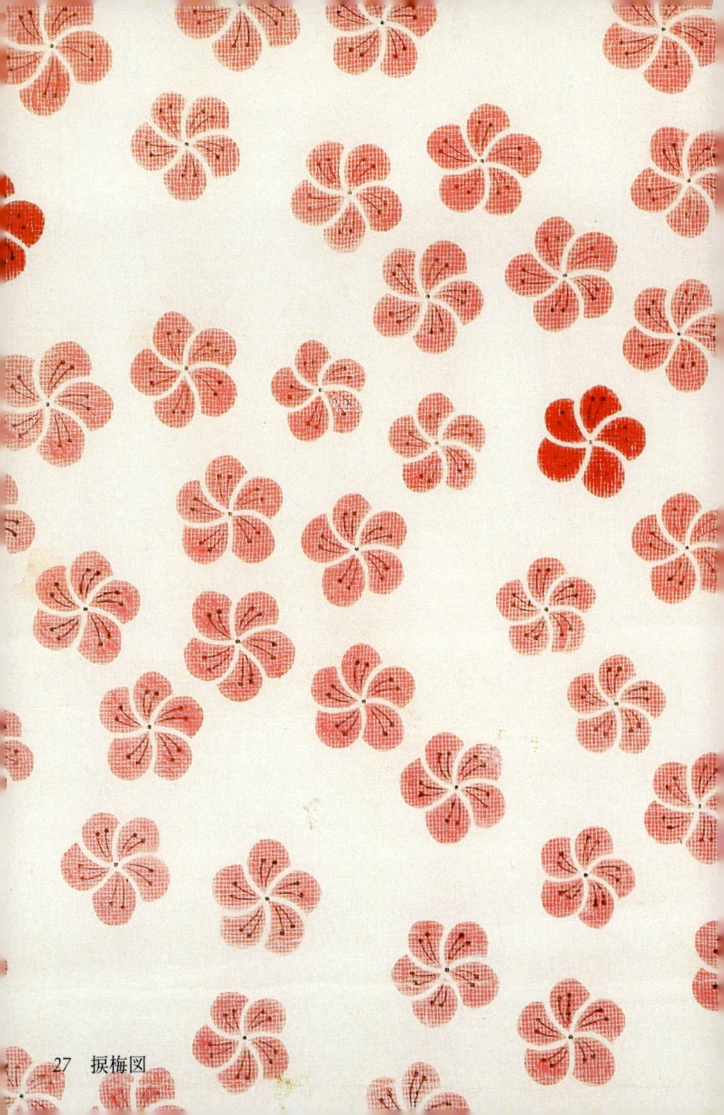

27　捩梅図

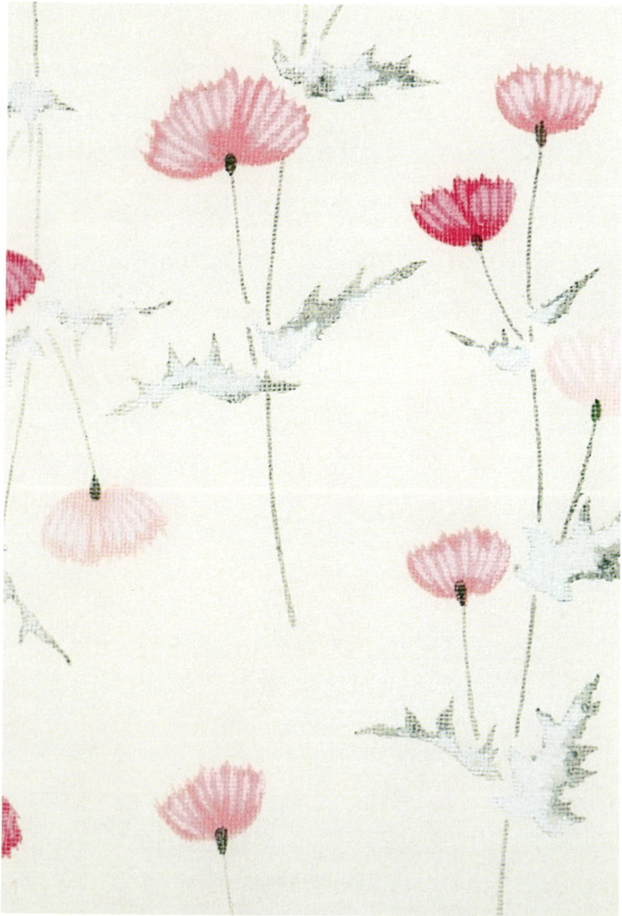

立ちあざみ図　28

29　枝桜図

鹿の子枝垂桜図　30

31　枝垂桜図

雲取りに桜図　32

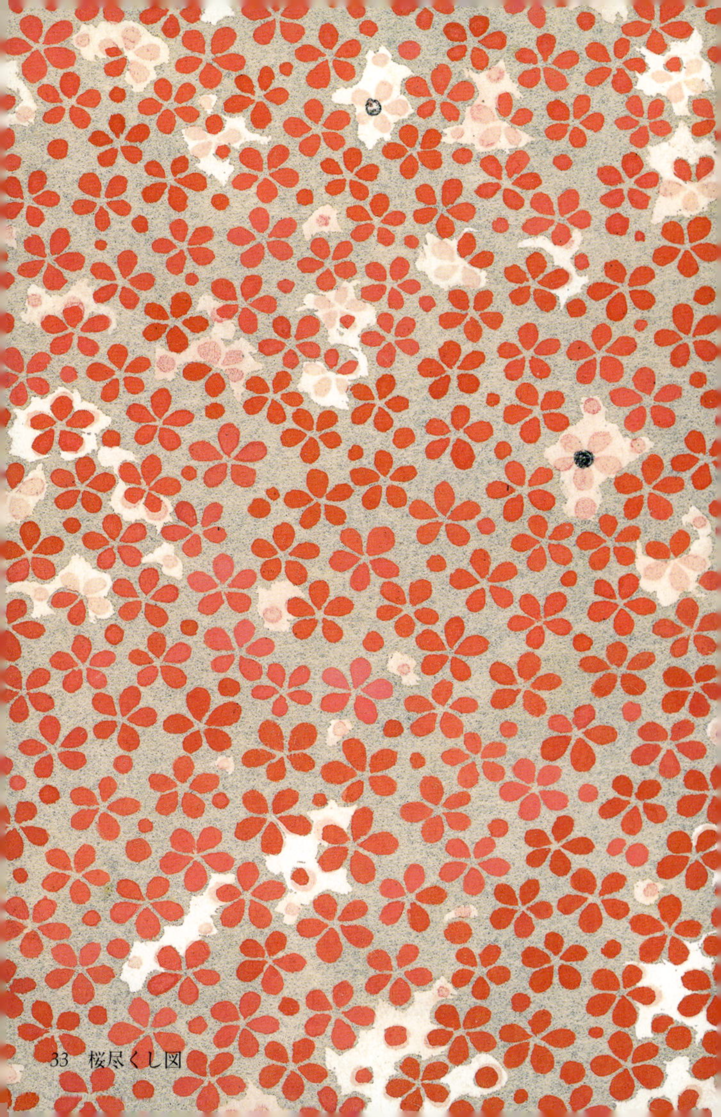

33　桜尽くし図

夏の花

青海波に牡丹図

35　牡丹図

薔薇図

枝垂柳ひなげし散らし図　*38*

39　流水にひなげし図

流水にひなげし図　*40*

41　ひなげし流し図

文字入り枝垂柳図　42

藤の花図　44

45　紫陽花図

竹笹図　*46*

47　笹鹿の子図

竹笹流し図　*48*

49　竹藪図

松皮青海波に笹図　*50*

51　笹尽くし図

浮草図　52

53　蜻蛉の羽根図

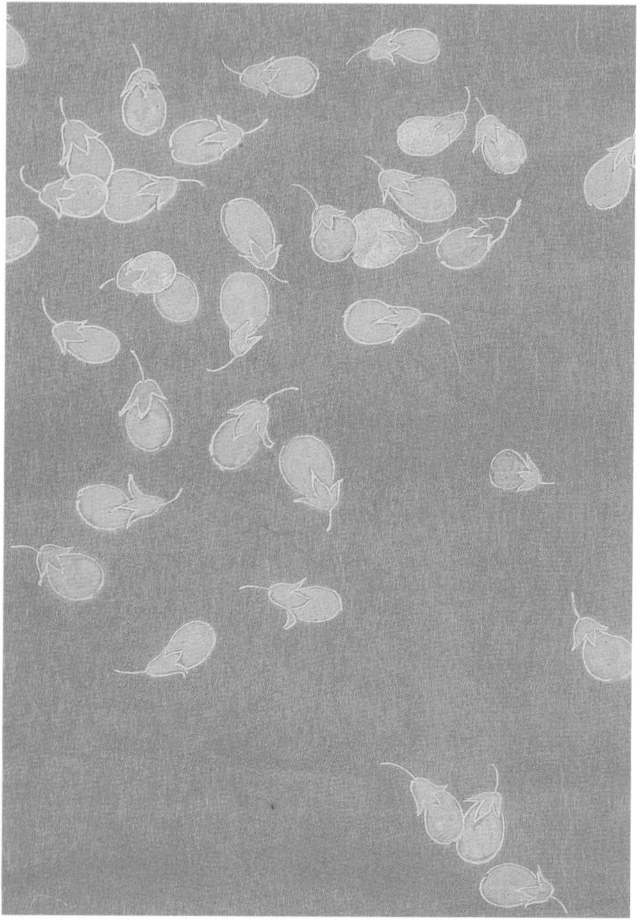

茄子散らし図　*54*

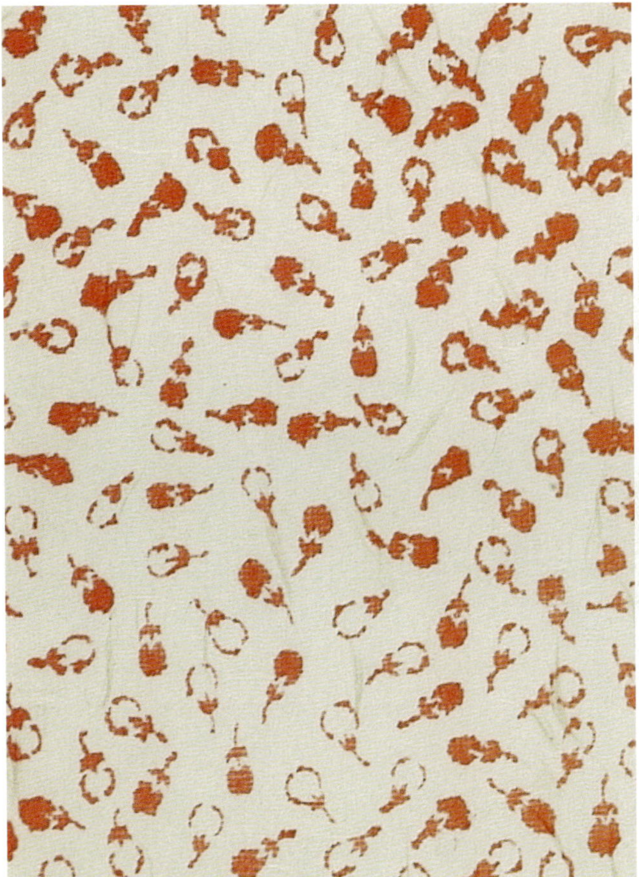

55　総茄子図

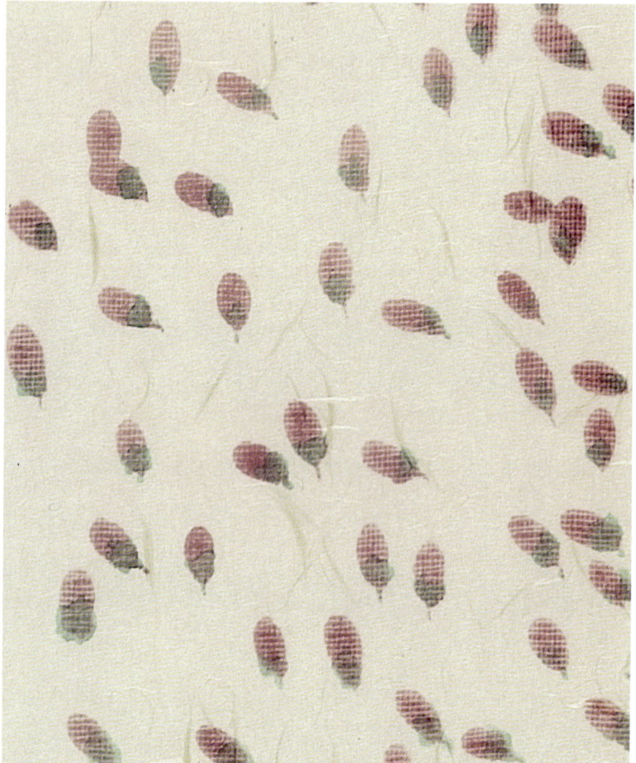

総茄子図　*56*

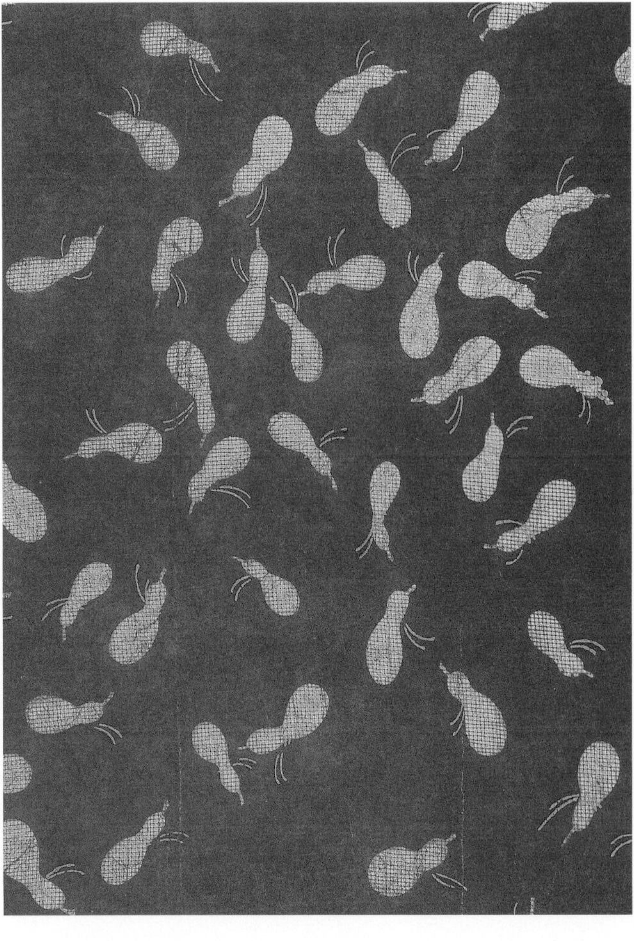

57　ひょうたん散らし図

秋の花

萩群生図

59　萩散らし図

萩花雲取り図　60

萩の葉散らし図　*62*

63 萩図

石影萩図　*64*

65　露草に萩と桔梗図

萩に桔梗図　66

67　桔梗散らし図

桔梗散らし図　*68*

69　笹に桔梗図

露草に桔梗図　70

71　雲取り枝垂柳桔梗散らし図

流水に秋の花図　72

73 /流水風景に萩と菊花図

75　すすき原図

すすきと萩図　76

77　すすき散らし図

菊花散らし図　*78*

79　菊花図

影の菊花重ね図　80

中国風菊図　82

83　折枝菊花図

菊花図

85 折枝菊花図

菊花唐草図　*86*

87　菊花群生図

菊花群生図　*88*

89　菊花重ね図

菊花花籠図　*90*

91　菊花紅葉つなぎ図

色紙取り菊花図　92

93　菊花散らし図

菊花重ね図　94

95　菊菱図

青海波取りに菊花図　96

97　流水風景に菊花図

流水に菊花散らし図

99　流水に菊花図

流水に菊花図　100

101　流水に菊花紅葉散らし図

菊紅葉の流水図　102

103　菊花紅葉散らし図

鹿の子雲に菊花紅葉図

105　霞に紅葉菊花図

菊楓つなぎ図　*106*

107　秋草紅葉すだれ図

波頭紅葉図

109　垣に紅葉散らし図

波頭に紅葉散らし図　110

111 枝紅葉図

紅葉にすすき図　*112*

113 枝紅葉図

紅葉変わり文図　*114*

紅葉変わり文図　116

117　菊花扇子散らし図

菊花秋の葉散らし図　*118*

119　松葉散らし図

木の葉散らし図　*120*

121　木の葉散らし図

四季の花

春秋草花図

123　春秋草花すだれ図

菊花梅花図

125　梅に菊花紅葉重ね図

春秋草花散らし図　126

127　桜に菊花紅葉散らし図

水面草花図　*128*

菊花梅花の流水図

131　春秋草花垣根図

観世水に梅紅葉散らし図　132

133 紅葉笹ひなげし重ね図

流水に春秋草花散らし図

135　流水に四季草花図

風景に春秋草花図　*136*

ひなげし散らし図　*138*

139　春秋花輪図

鶴吉祥図 *140*

141　花車に牡丹菊図

鹿の子雲に花車冊子蹴鞠図

143　鹿の子雲に春秋草花図

春秋文熨斗図

さまざまな文様

水・雲

流水に菊花散らし図

流水に紅葉散らし図　*148*

149　流水に紅葉散らし図

流水に紅葉萩散らし図　*150*

151　流水に紅葉扇面散らし図

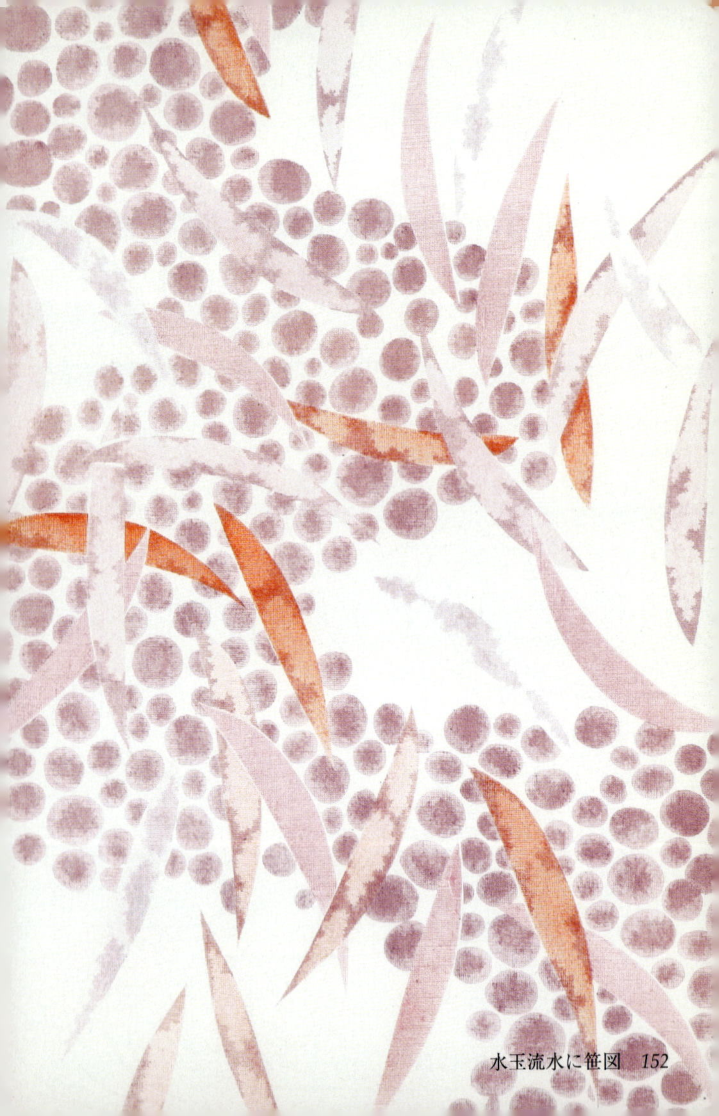

水玉流水に笹図　*152*

153　流水に水玉散らし図

流水に萩図　154

155　大渦巻に花散らし図

波頭図

157　青海波図

観世波図　158

159　流水に花小紋図

流水に桜笹菊花散らし図

161　流水図

茜雲図　*162*

163　雲取り波頭図

雲取りに流水図　*164*

165　総鹿の子雲つなぎ図

雲取り春秋草花図　*166*

167　雲取り花散らし図

流水菊花七宝の雲重ね図　*168*

飛鶴図

171　飛鶴図

飛鶴図　172

173　群鶴図

群鶴図　174

千羽鶴図　*176*

177　鶴菊の丸に結び紐図

揚羽蝶図　*178*

179　総蝶図

蝶に露草図　*180*

扇面・傘

花扇図

檜扇に観世波図　182

183　扇面散らし図

扇面散らし図　*184*

185　扇面散らし図

扇面散らし図　*186*

187　扇地紙散らし図

扇面青海波重ね図　*188*

189　花唐傘図

唐傘散らし図　*190*

191　総唐傘図

鹿の子雲に御所人形図

御所人形図

195　総御所人形図

こけし尽くし図　*196*

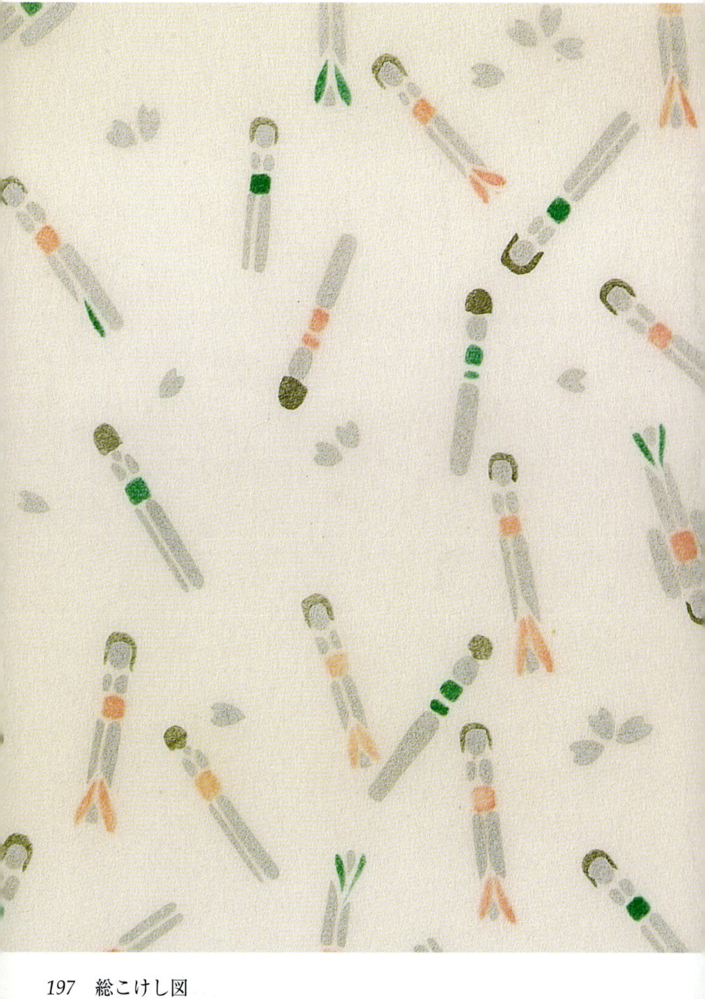

197　総こけし図

だるまつなぎ図　*198*

199　花つなぎに弥次郎兵衛図

弥次郎兵衛図　200

201　総弥次郎兵衛図

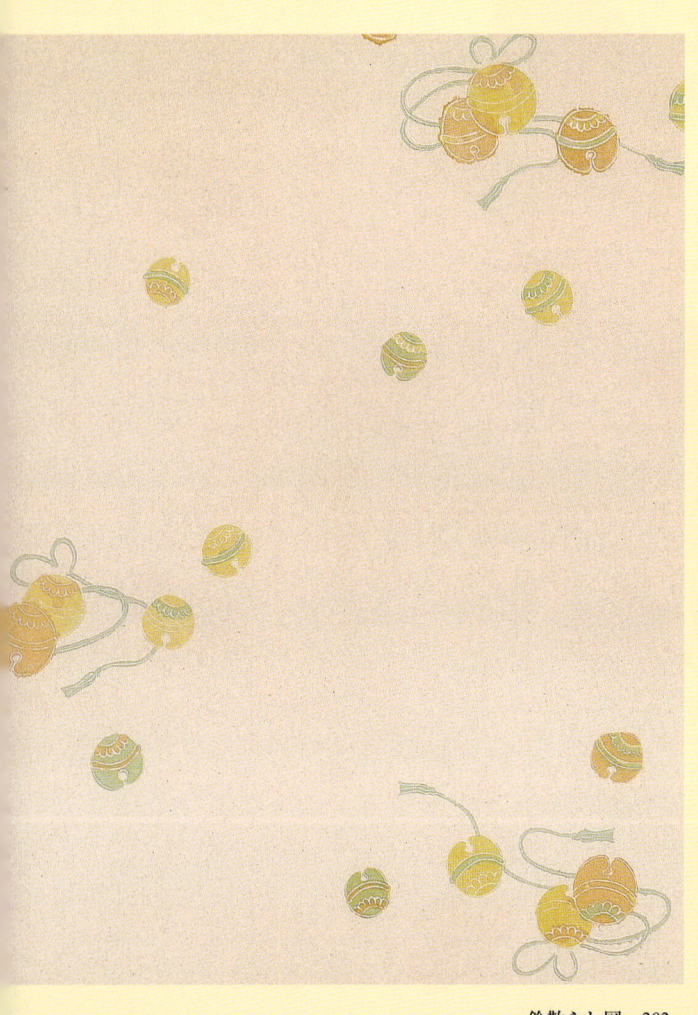

鈴散らし図　202

203　天狗お多福面図

遊具散らし図

遊具散らし図

遊具散らし図　*208*

209　貝合わせ具図

楽器散らし図

211　宝尽くし図

トランプ散らし図　212

定形文様

市松図

松皮菱図　*214*

215　花の松皮尽くし図

うろこ文図

217　麻の葉に梅花散らし図

雲取り麻の葉図　218

麻の葉重ね図　220

221　麻の葉散らし図

総麻の葉図　222

223　氷裂取り麻の葉図

草花亀甲尽くし図　224

225　亀甲重ね図

草花亀甲つなぎ図　226

227　四季の花入り菱つなぎ図

紗綾形図

229　矢羽根絣図

斜め格子図　230

七福神図

遊楽図

王朝遊戯図

こなづめ
かけぐづれ

かけくづれ

四季風景図　238

239　四季風景図

花扇散らし図　*240*

241　扇面風景図

氷裂文に梅菊花散らし図　242

243　秋の草花氷裂文図

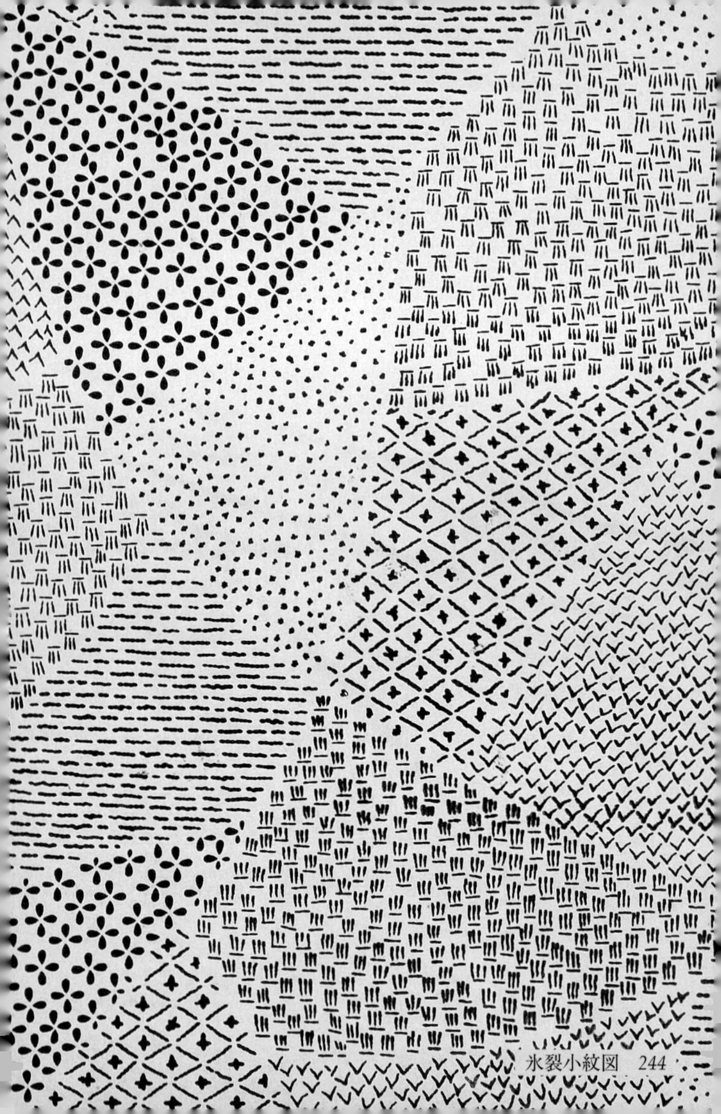

氷裂小紋図　244

245　雪輪散らし図

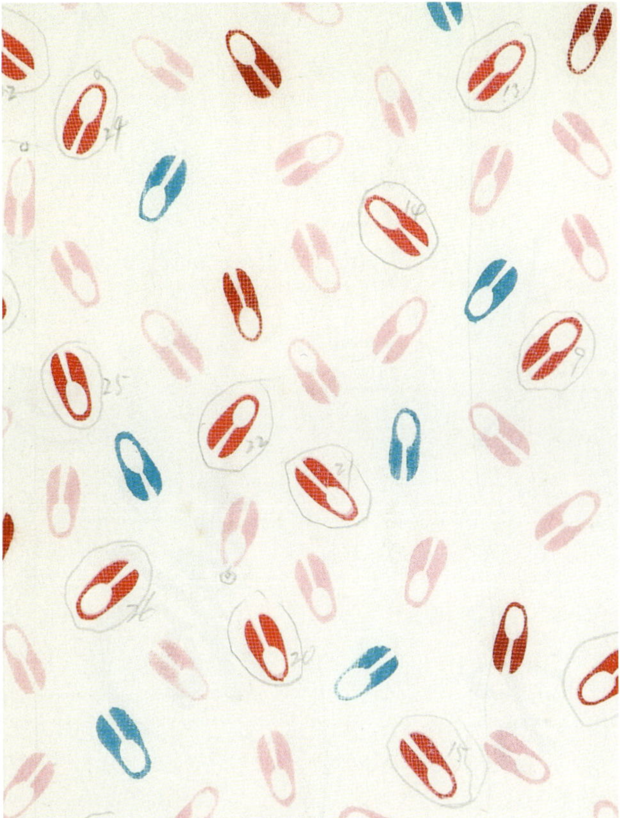

247　はさみ散らし図

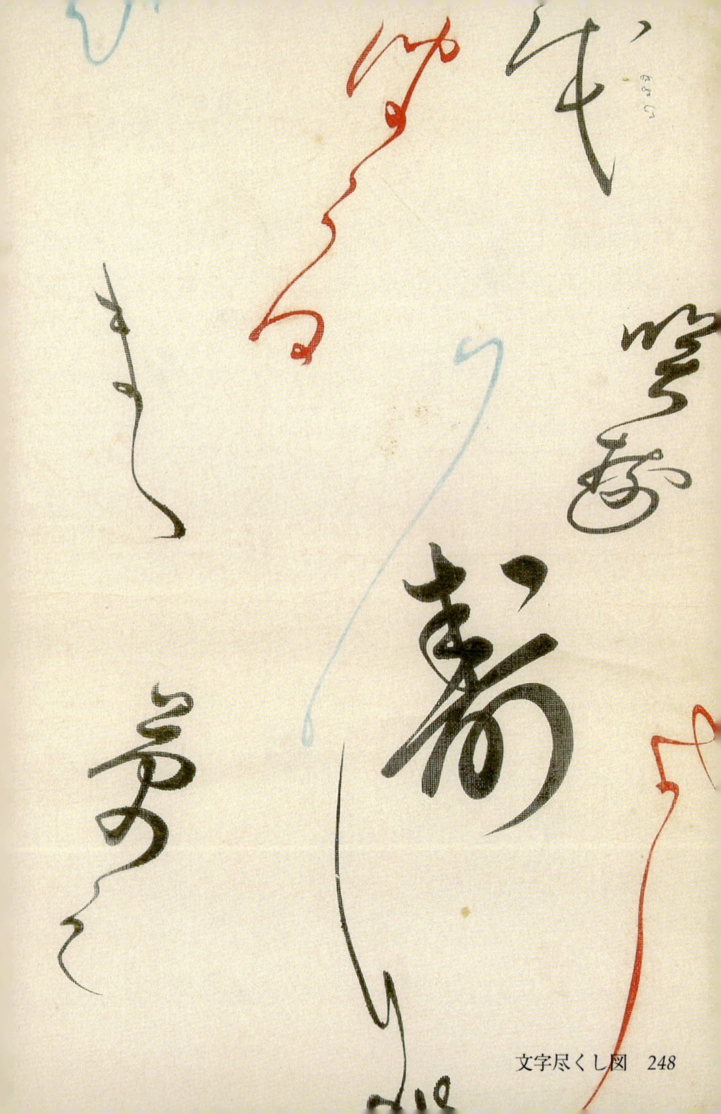

文字尽くし図

249　篆書図

垣尽くし図

251　明かり障子散らし図

四季の花文長襦袢

染め工場の足跡

松木　弘吉

　空から無数といっていいほど舞い散ってきたビラで終戦を知った、昭和二十年の頃の家業は饅頭屋であった。餡子は薩摩芋を蒸してすりつぶしたもので、饅頭の皮は何でつくっていたかは知らないが、とにかく玉子を割って黄身と白身を分けていたのを憶えている。それがいつしか長襦袢の染め屋となっていた。

　本書に掲載した下絵は、昭和三十年代から四十年代のもので、まだまだ着物産業が盛んであった。織り物といえば西陣、染め物と言えば室町が代名詞となっていた。その頃の室町通りは、人と車と自転車がひしめいていた。問屋さんから預かった反物を、そう遠くないどこかへ運ぶだけでも食べていけるほどに盛況であった。

　そんな情況の時につくられた下絵であるので、千五百点あまりが遺っていた。たかが長襦袢といえども、売れなければならないし他社と競合しているわけだから、大袈裟に言えば門外不出であった。

　当時は職人さんが五人いて、親方である父・清との総勢六人で、月に千反（一反で一着分）ぐらい染めていたと記憶している。昼頃になると母親が茶を沸かし大きなやかんに入れて仕事場に置く。それが合図となって昼食となる。一升瓶とたくあんが食事という職人さんもいたが、仕事はきっちりこなしていた。

盆と正月には職人さん達を家に呼んでいたが、たいがいはすき焼であった。それが御馳走で、酒を飲んで、尻取りの戯れ歌をよく唄っていた。それぐらいのことだから、レクリエーションなどは特に無かったが、年に一度は一泊で温泉旅行をしていた。弟が継いでから後は、職人さんが四人になり三人になり、最終的には弟・茂二ただ一人となった。月に二十反程度の注文しかなく、それでは食えないのでアルバイトをしながら細々と続けていた。それは着物産業の盛衰そのものであった。

そこに携わる職業は、親方である染め工場が核となって、絵描きさん、型屋さん、蒸し屋さん、湯熨斗《ゆのし》屋さん、それに糊屋さん、染料屋さんで、そんな集団が何軒かあった。

染めの工程は、まずは問屋さんとどんな柄のものを目指すかを相談した上で、また独自の構想を交えて、絵描きさんと打ち合わせて描いてもらう。それを型屋さんが渋紙の型紙に彫る（花柄とすれば、葉の緑色・茎の茶色・花の桃色と、それぞれの部分の型を彫る。この場合は三枚の型紙で柄ができるが、五枚・七枚など柄によってさまざまとなる）。そして、糊に柄によるそれぞれの色を満遍無く混ぜこんで染める準備をする。

つぎに五〇センチ×八メートル強の染め板の両面に一反分の白生地を貼りつけておいて、型紙をあて、その上に染め糊を置いて、ヘラで掻きつけて左端から順に染めてゆく。

染め上がると、染め生地を巻き取り、蒸し屋さんに渡す。蒸し屋さんは、それを蒸して染料を定着させ、水洗して糊を落とす。

最初の頃、蒸し屋さんは蒸すだけであったので、染め工場の者が、堀川（昔堀川は、大雨の時には路上に水が溢れるほど水があった）や、鴨川で水洗した。しかしそれは水質汚染となるので禁止された。そうして出来上がった反物を、点検した上で室町の問屋さんに納めるわけである。

京都の一染め工場にひっそりと眠っていた長襦袢の下絵が、日の目をみることとなった。この下絵を一見しただけで、即座に出版を決定していただいた青幻舎の安田英樹社長のご好意に感謝したい。

長襦袢 和ごころを楽しむ日本のお洒落

NAGAJYUBAN JAPANESE LINGERIE KIMONO

発　行　2007年3月1日 初版発行

序　文　市田ひろみ

編　集　松木弘吉

発行者　安田英樹

発行所　株式会社 青幻舎
京都市中京区三条通東洞院西入ル（〒604-8136）
TEL.075-252-6766 FAX.075-252-6770
http://www.seigensha.com

装　丁　大西和重

印刷・製本　ニューカラー写真印刷株式会社

Printed in JAPAN

ISBN978-4-86152-103-4 C2072

ビジュアル文庫シリーズ

印半纏［しるしばんてん］

江戸の文化が生み出した、粋でいなせな印半纏。祭には印半纏姿のファッションが競い合います。いろは四十八組に始まる町火消しのシンボルとしても忘れることはできません。雛形などの貴重資料も合わせ、約500点を収録。

岩田アキラ著

文庫判・276頁■1260円（税込）

日本の商業デザイン —大正・昭和のエポック—

現代につながる都市文化のうまれた時代、大正〜昭和にかけての商業デザイン約200点を収録。広告、看板、ポスター、チラシ、商品パッケージなど、当時人々の生活を彩っていたモダンなデザインは、再び新鮮な驚きと発見を与えます。

序文／近代ナリコ

文庫判・256頁■1260円（税込）

切り絵の世界 —中国剪紙—

鋏と小刀のみを使って生み出される、中国の切り絵「剪紙〈せんし〉」。動物・花・人・景色など、身近なものへの愛情と繁栄を願う心を込めて、多様なモチーフで作り上げられます。悠久の歴史が育んだ、素朴で雄健、繊細優美な作品約520点を収録。

文庫判・256頁■1260円（税込）

ビジュアル文庫シリーズ

日本の家紋

平安時代以降、家の由緒や家系を表わすものとして、代々伝えられてきた家紋。ミニマムにしてシンボリックな意匠は、日本文化の美を代表するものです。本書は、全４５００種をモチーフ別に収録した決定版。

文庫判・３１９頁■１２６０円（税込）

千社札

二代目銭屋又兵衛コレクション

千社札は、江戸の美学である粋と洒落の精神が生んだグラフィックデザインです。ダイナミックな構図と華麗な色彩を駆使して、文字と浮世絵を独自に融合させました。約４００点の佳品を収載。

文庫判・２２４頁■１２６０円（税込）

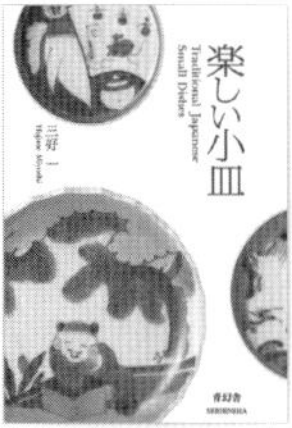

楽しい小皿

諸国名物を描いた風雅な皿や、異国情緒あふれる皿。とりどりの形を愉しむ型物に、人気の丸皿。さらに浅井忠の絵皿や蓮月焼など貴重な作品も。手のひらでいとおしむ小皿豆皿の逸品約４００点を収載。

三好一著

文庫判・２５６頁■１２６０円（税込）

ビジュアル文庫シリーズ

新版 日本の伝統色　その色名と色調

色彩学の権威である著者が、古文献、古裂などの典拠を徹底検証し、季節感あふれる伝統色が目に見える「色」として蘇った画期的な名著。225色すべてに染料、古染法、色調や流行沿革などを収録。活用至便な全色カラーチップ付。

長崎盛輝著

文庫判・417頁■1575円（税込）

新版 かさねの色目　平安の配彩美

十二単衣など平安の装束に見られる衣色の配合260余種をビジュアルに再現した名著。トーン分類一覧表、参考文献なども多彩に収録。平安人の繊細な美的感覚と、その配合の妙をお楽しみ下さい。巻末カラーチップ付。

長崎盛輝著

文庫判・352頁■1575円（税込）

王朝の香り　現代の源氏物語絵とエッセイ

京都画壇を代表する54名の画家と、各界の識者54名のエッセイが織りなす絵物語。味わい深い絵と名文が『源氏物語』への様々な想いを語り、時代を越えた心の襞を覗かせてくれます。

松栄堂広報室編

文庫判・324頁■1260円（税込）

ビジュアル文庫シリーズ

日本の文様　第一集・第二集

◇刺繍図案に見る古典装飾のすべて

わが国伝統の手仕事として優雅に育まれてきた繍の技。その図案の数々はまさに装飾文化の粋といえます。四季の花鳥や花丸、唐草などテーマごとに収録された文様は格好のデザインソースブックです。

紅会著

文庫判・各256頁■各1260円（税込）

日本の文様　半襟　第三集・第四集

◇半襟「草花編」「文様編」

明治・大正時代に流行した「はんえり」は、友禅染めや日本刺繍など贅を尽くした装飾性と華やかさにあふれ、多くの女性たちを魅了しました。本書は、京都の旧家に所蔵されていた下絵をテーマ別に収載。伝統意匠の粋を伝えます。

文庫判・各256頁■各1260円（税込）